2007, Editora Fundamento Educacional Ltda.

Editor e edição de texto: Editora Fundamento
Capa e editoração eletrônica: Commcepta Design
CTP e impressão: Sociedade Vicente Pallotti

**Dados Internacionais de Catalogação na Publicação (CIP)**
(Câmara Brasileira do Livro, SP, Brasil)

Ariello, Fabiane
    Para um amor de professora / Fabiane Ariello – São Paulo – SP : Editora Fundamento Educacional, 2007.

    1. Professora – Literatura infanto-juvenil I. Título.

07-1746                                                                                                  CDD-028.5

**Índices para catálogo sistemático:**
1. Professora : Literatura infanto-juvenil 028.5
2. Professora : Literatura juvenil 028.5

Fundação Biblioteca Nacional

Depósito legal na Biblioteca Nacional, conforme Decreto n.º 1.825, de dezembro de 1907.
Todos os direitos reservados no Brasil por Editora Fundamento Educacional Ltda.

Impresso no Brasil

Telefone: (41) 3015 9700
E-mail: info@editorafundamento.com.br
Site: www.editorafundamento.com.br

FABIANE ARIELLO

# Para um amor de Professora

*O professor medíocre expõe.*
*O bom professor explica.*
*O professor superior demonstra.*
*O grande professor* **inspira.**

William Arthur Ward

*A estrada da*
## vida
*é longa...*

*E ainda são tantos*

**passos**

*a percorrer.*

*Ainda bem que encontrei no meu caminho alguém como*

**você.**

*A professora é aquela
pessoa que nos dá a mão…*

### e o mundo.

*Mas também dá*
## bronca,
*quando é preciso.*

*Nos primeiros dias,
ela é sempre um*

**mistério.**

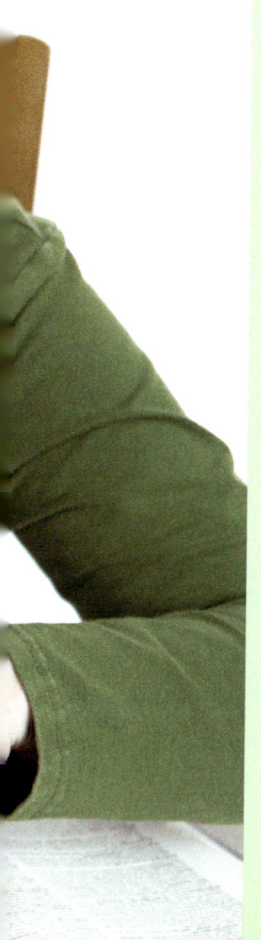

Mas a cada dia
que passa, ela

**se mostra**

mais e mais...

*Às vezes, ela é*
### engraçada.

*Mas também pode ser*

## assustadora!

*Tudo bem, geralmente*

**a culpa**

*é nossa...*

*E haja*

**paciência!**

*São*

**aulas**

*para preparar,*

# Provas
*para corrigir,*

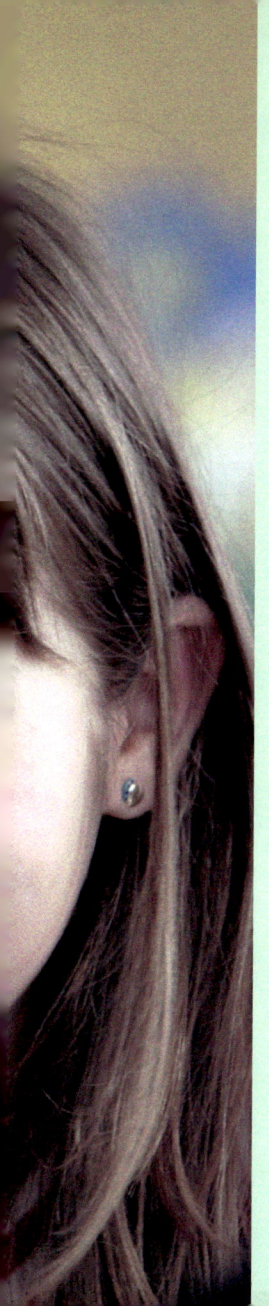

# Bagunça
*para controlar,*

*E mesmo assim, ela está*

**sempre**

*ali.*

*Quando precisamos de*

**incentivo**

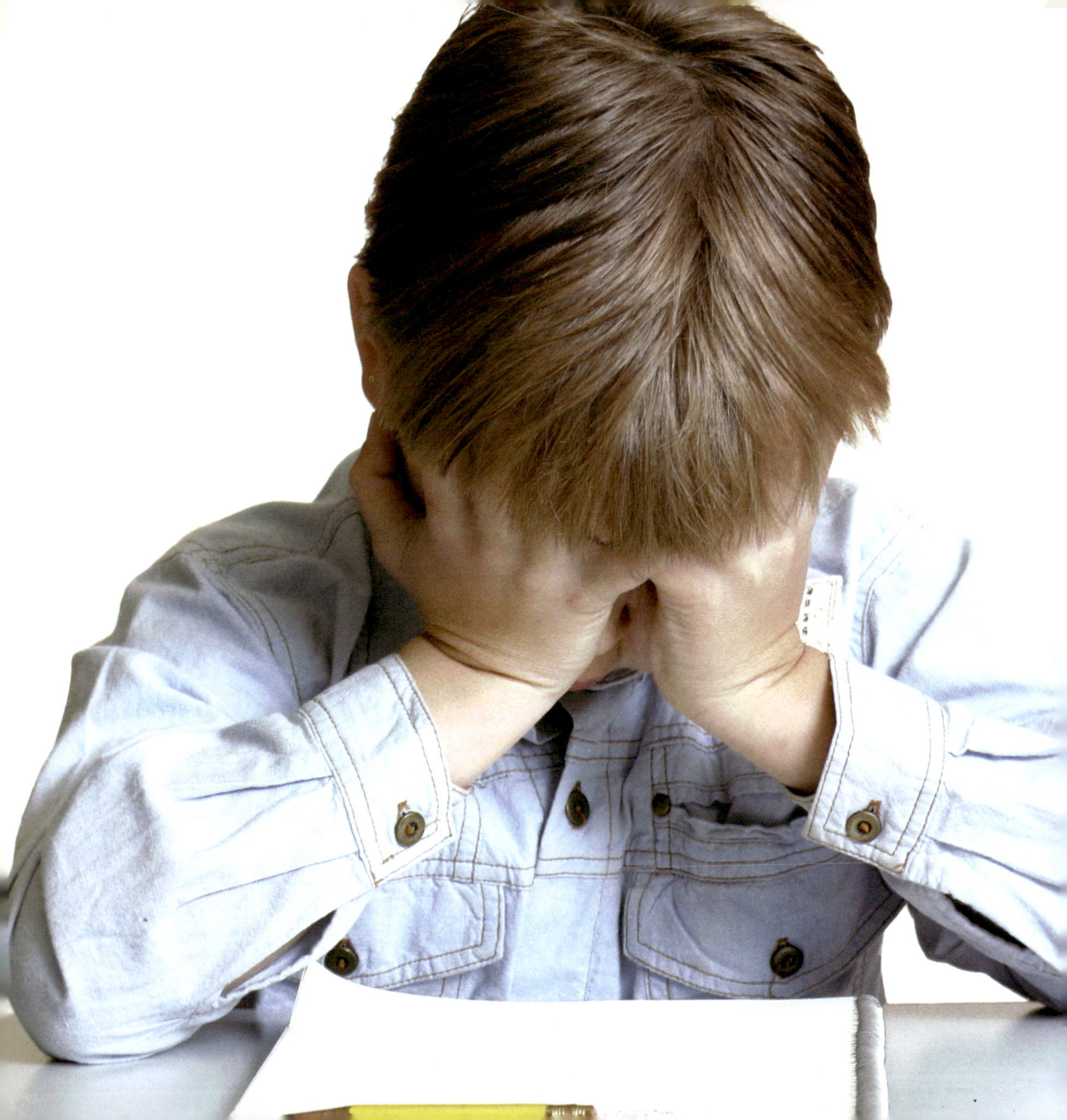

*Ou quando alguma
coisa parece*
## difícil demais!

*Querida*
**professora,**

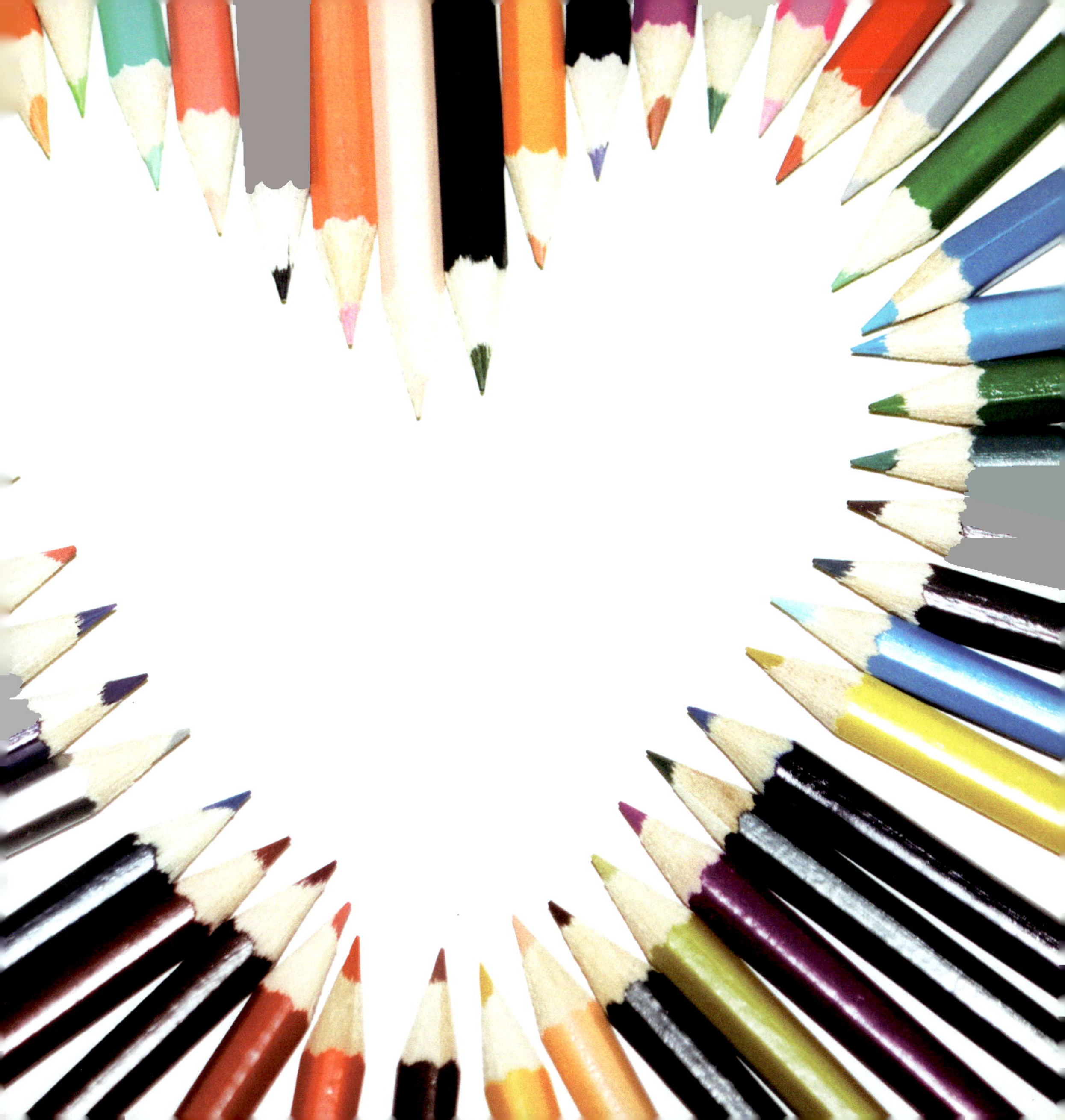

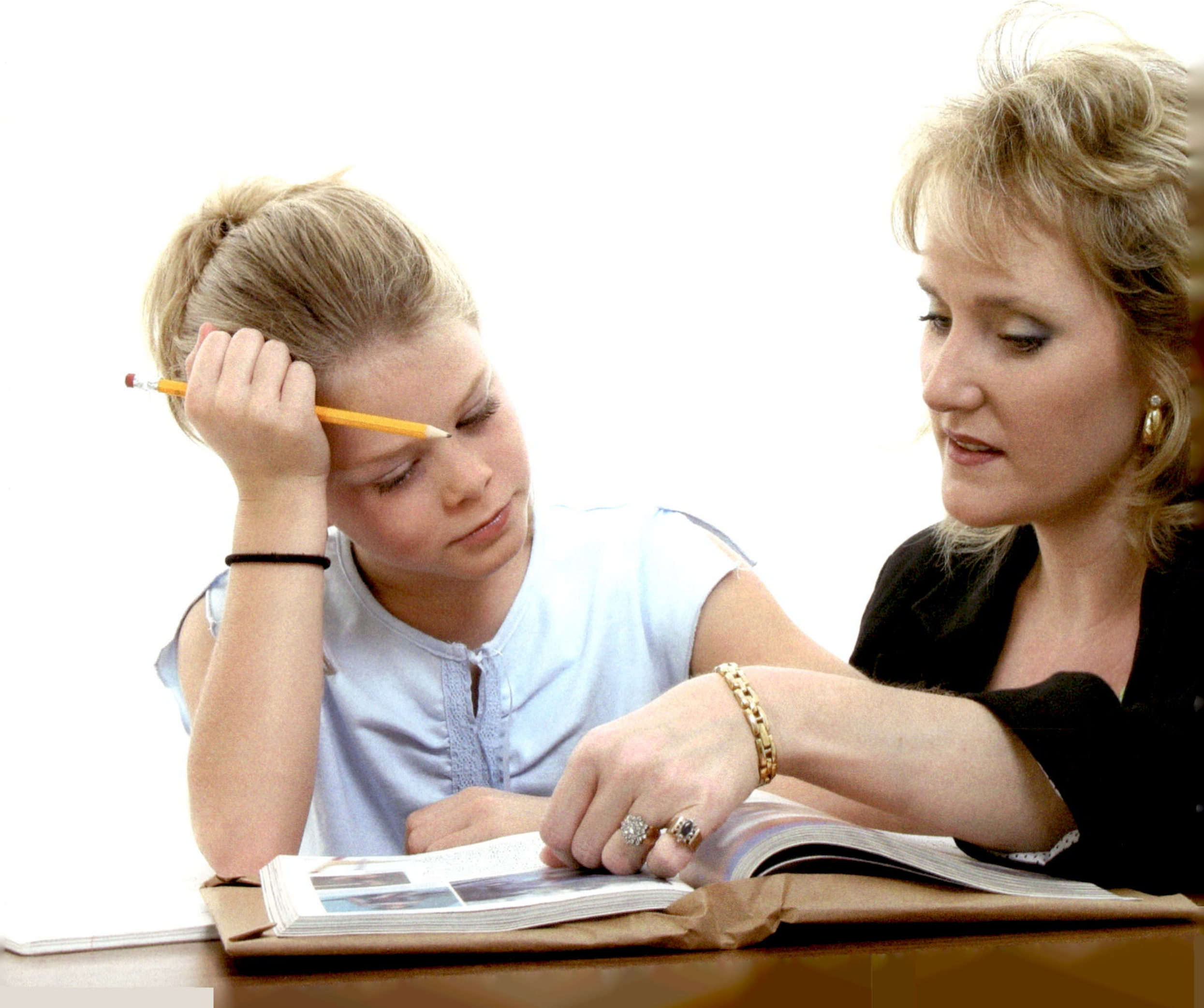

*Tenho muita*

**sorte**

*de poder contar
com você.*

# Obrigado
*pelas aulas maravilhosas que você prepara.*

G

S

*Eu sei que você vem pra aula mesmo quando as coisas estão*

**ruins.**

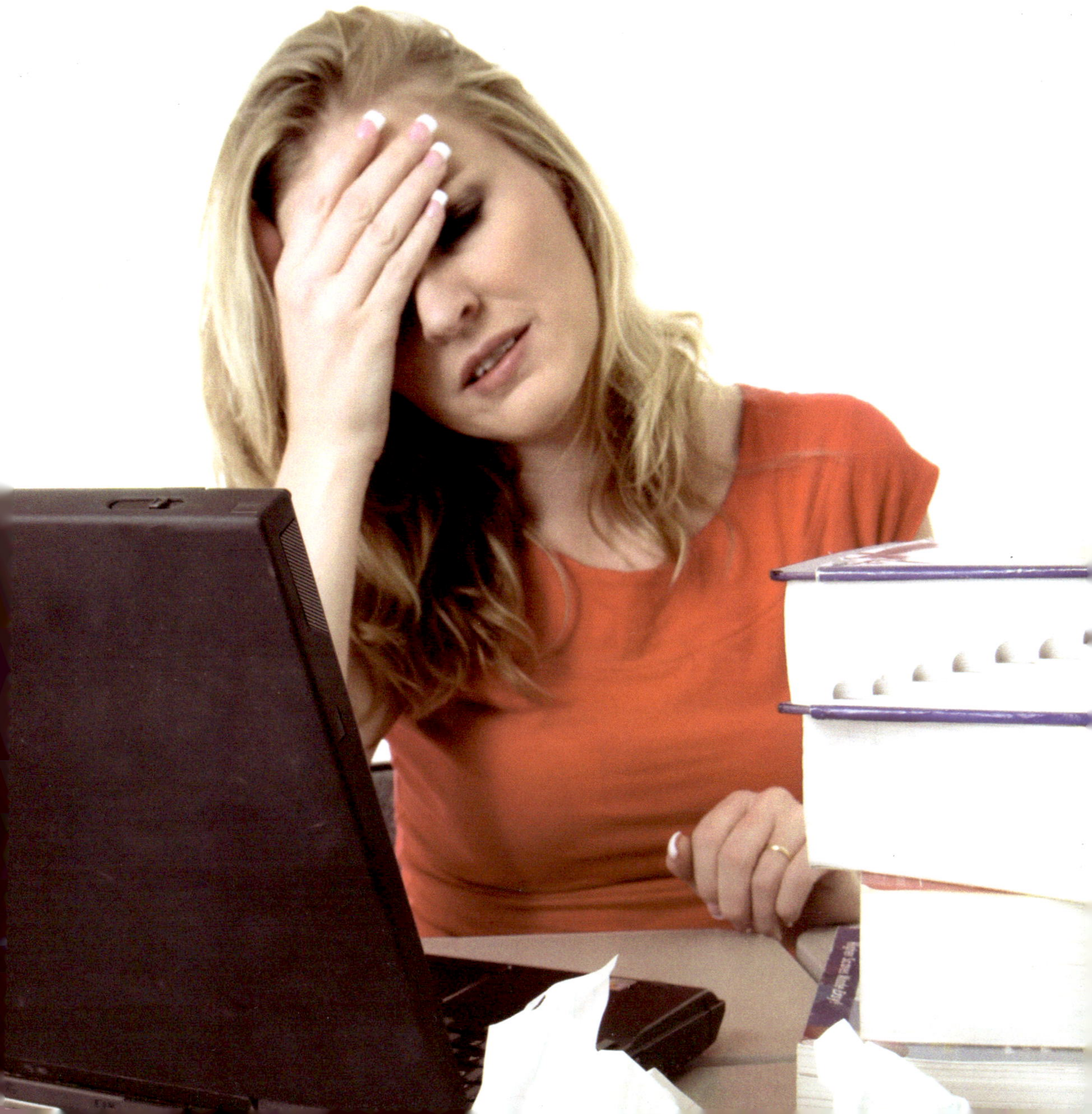

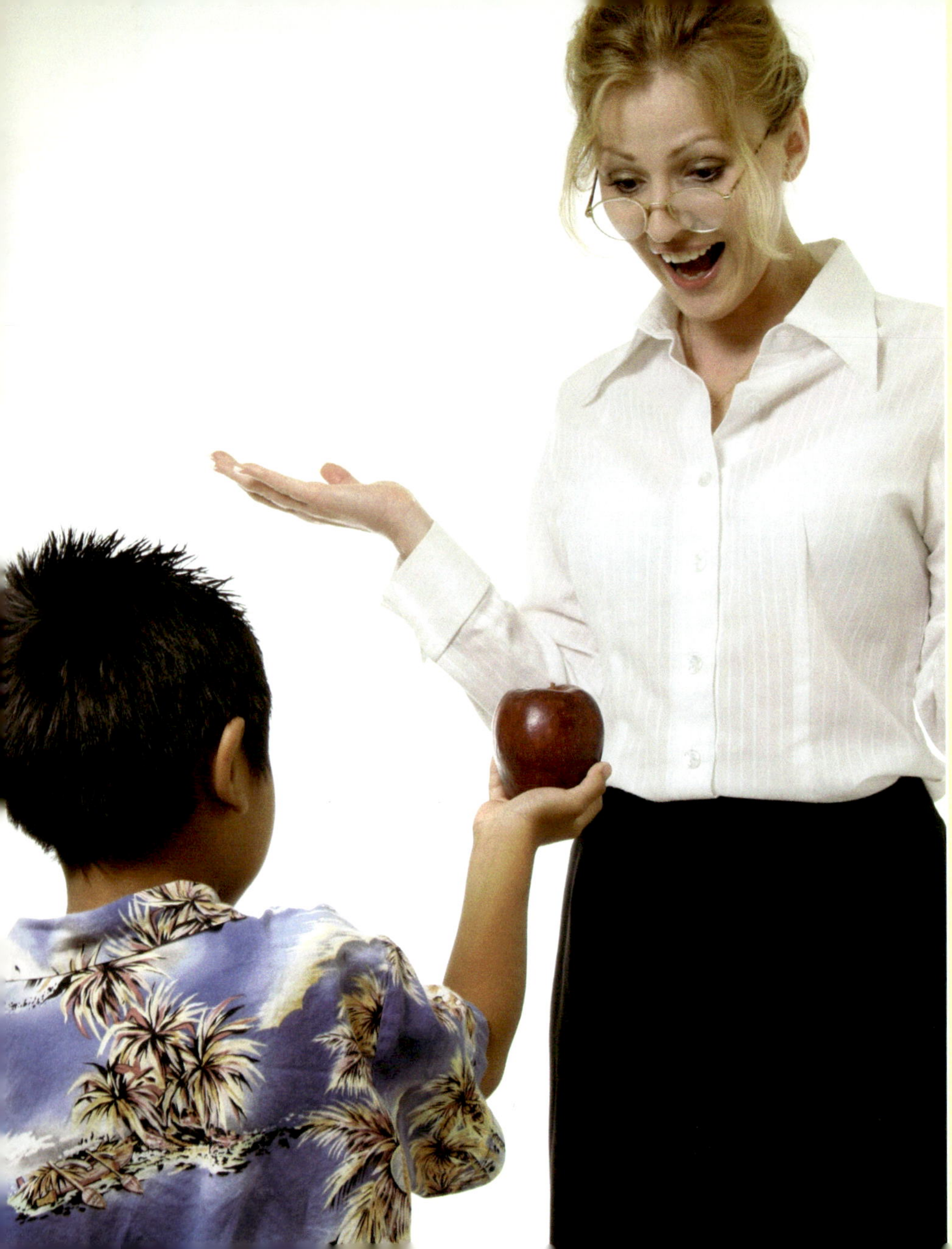

# Obrigado

*por estar conosco
todos os dias!*

*Você nem imagina
o quanto*

**admiro**

*seu trabalho...*

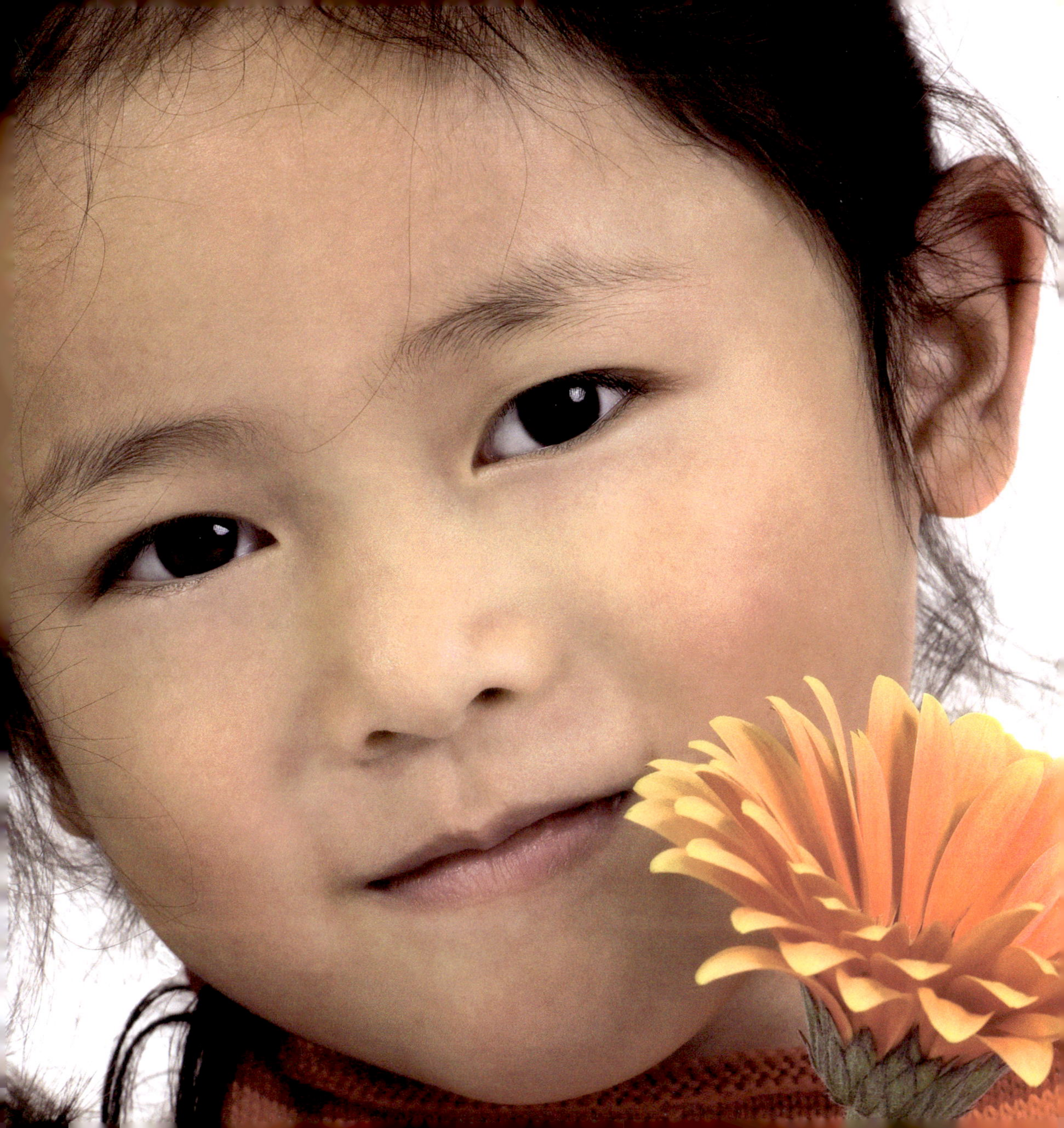

Secret!!! 😊

*E o quanto é*

**especial**

*para mim cada coisa
que aprendo com você.*

*Obrigado por*

**semear**

*tantas idéias na minha mente...*

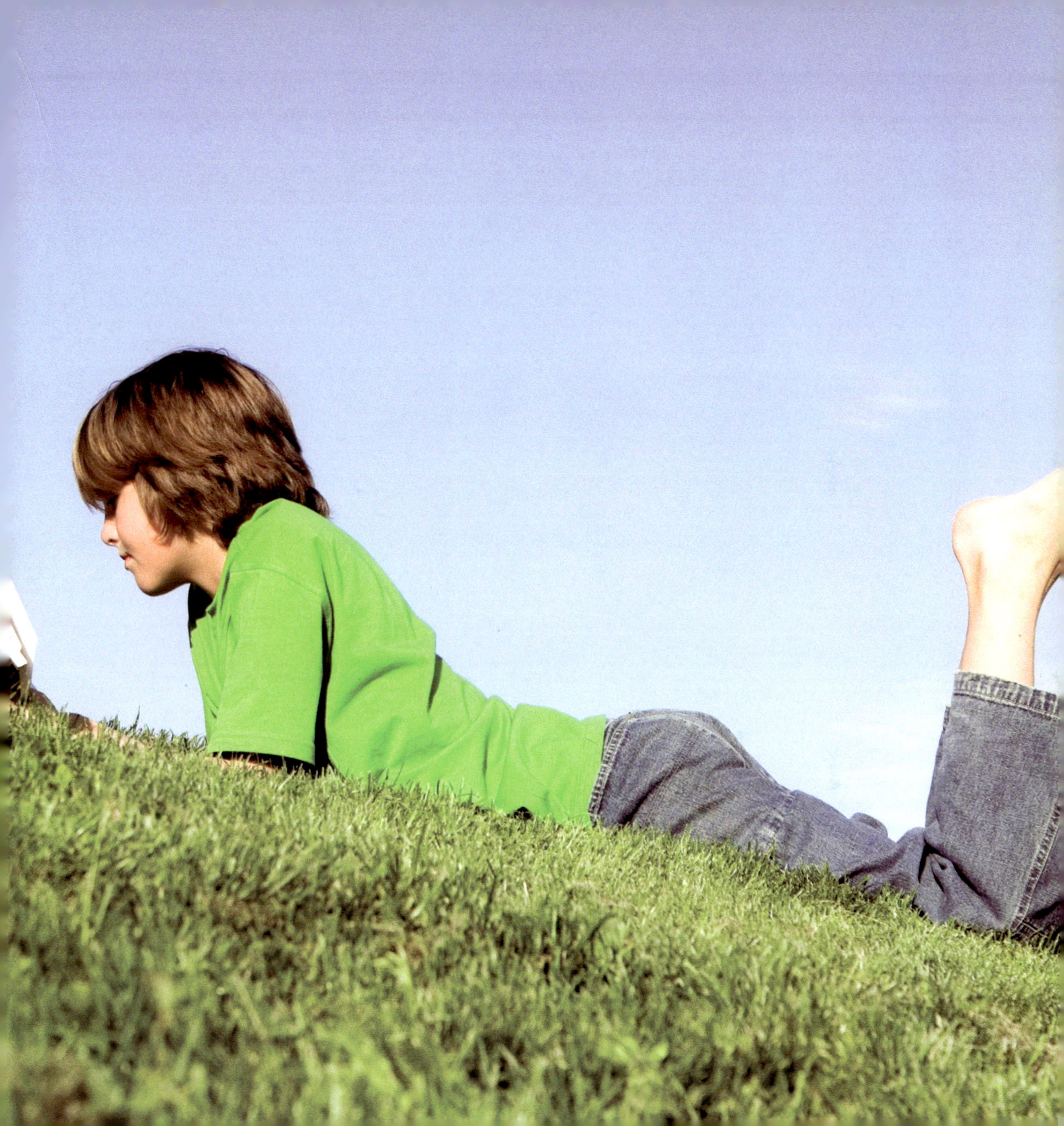

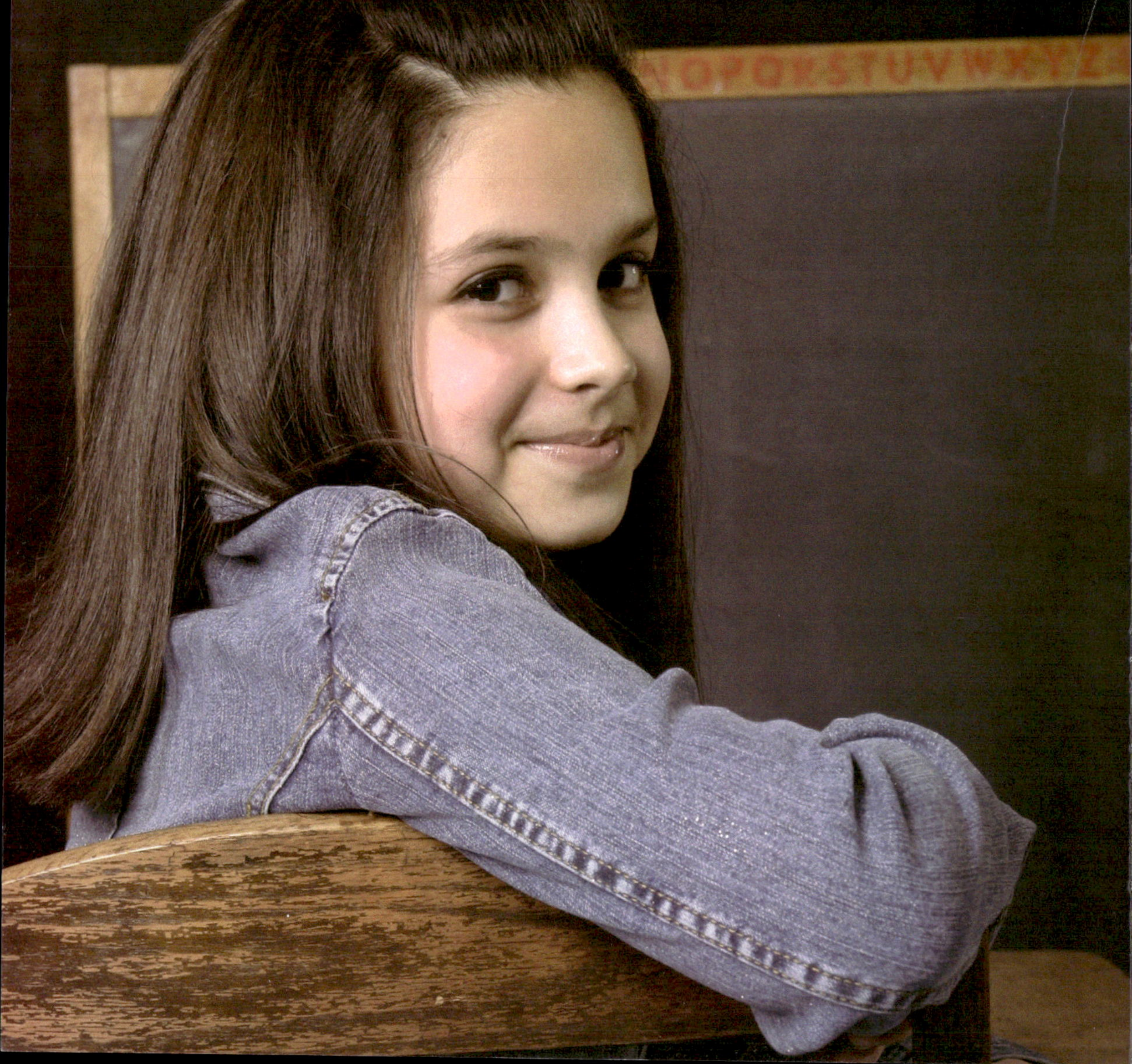
NOPQRSTUVWXYZ

*E por incentivá-las sempre a*

**florescer.**

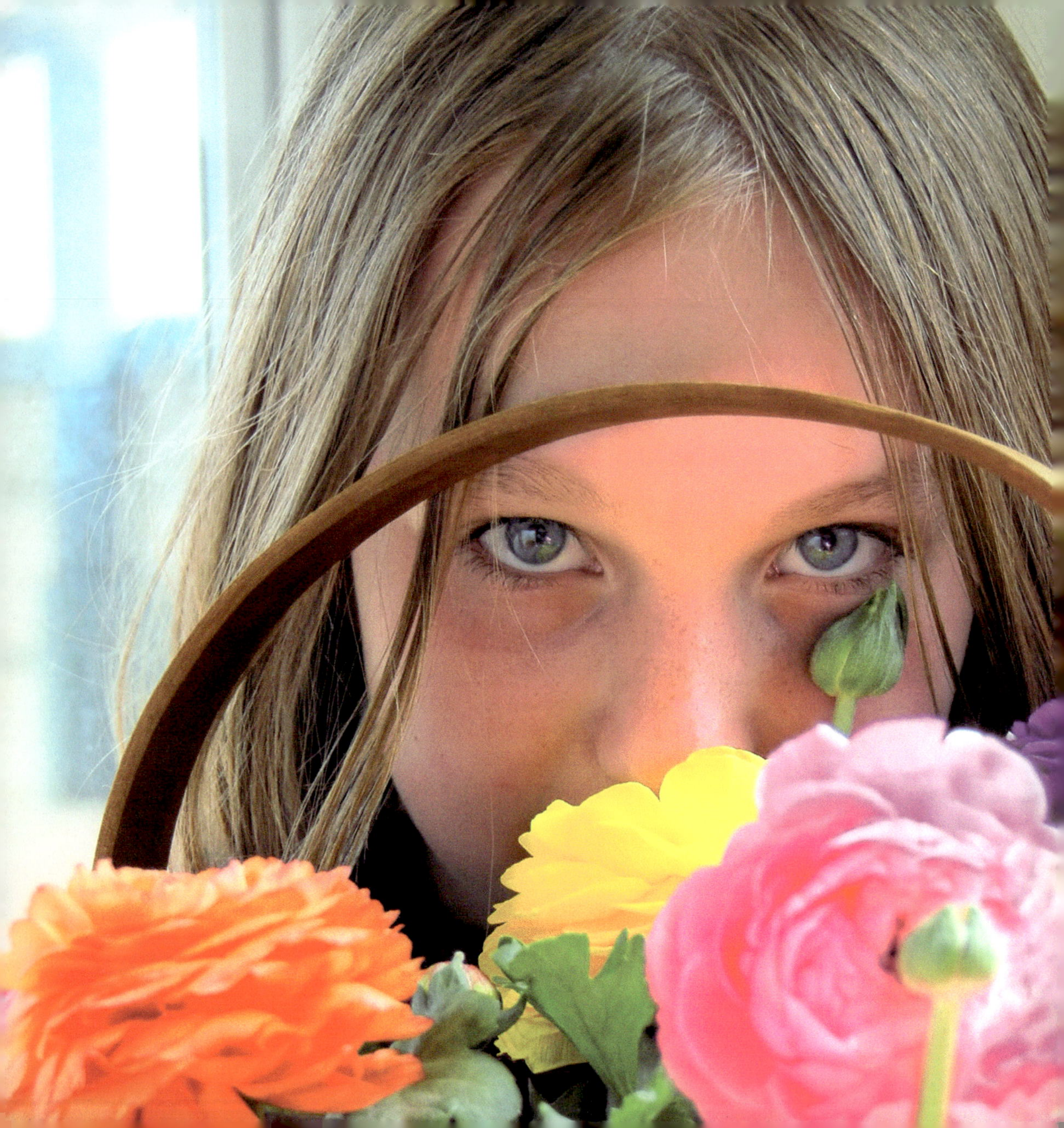

Essas flores do meu

## futuro

*devo todas a você.*

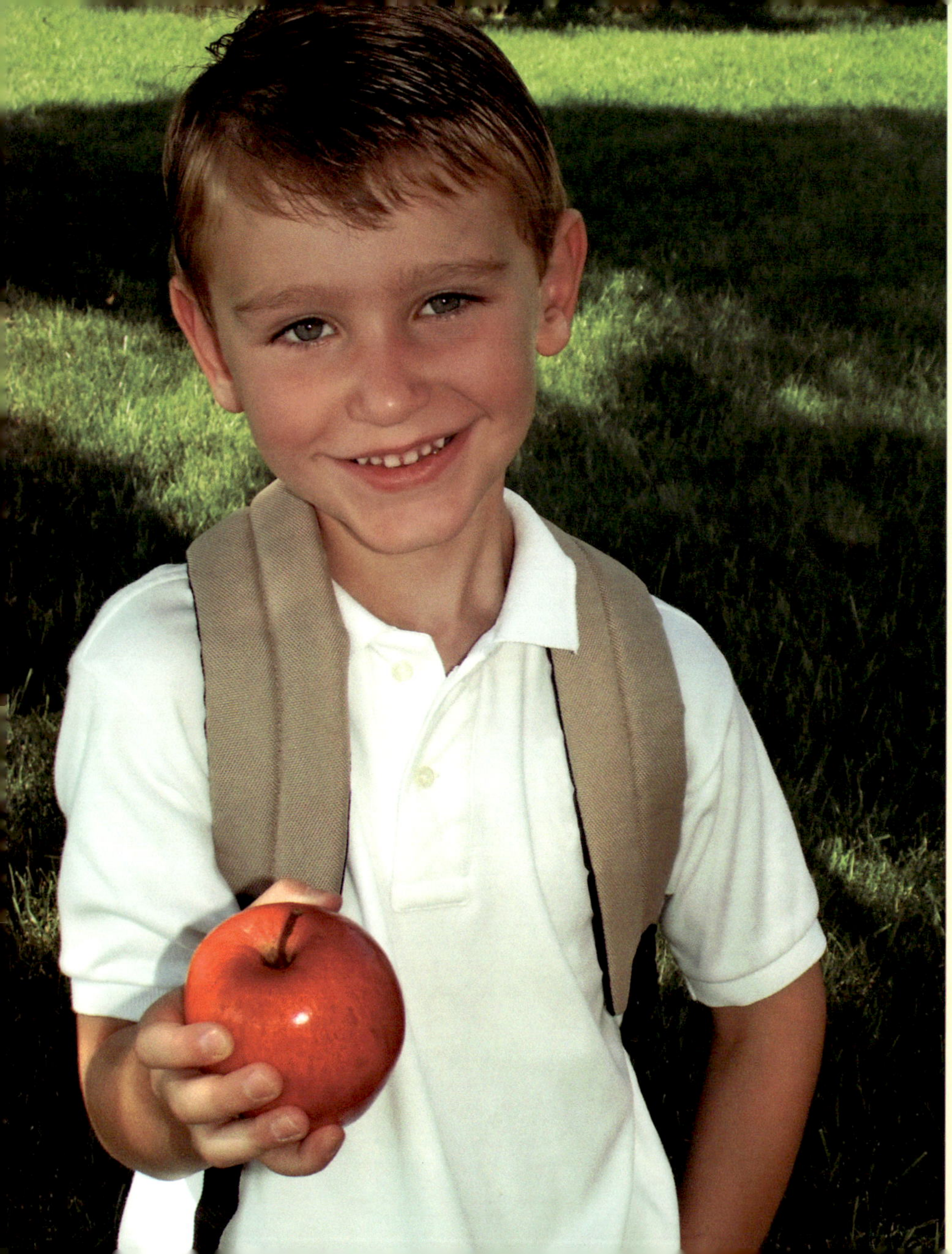

Obrigado!